# Mon Canada
# ONTARIO

Sheila Yazdani

## TABLE DES MATIÈRES

Ontario ..................... 3

Glossaire .................... 22

Index ....................... 24

Un livre de la collection
Les jeunes plantes de Crabtree

Crabtree Publishing
crabtreebooks.com

# Soutien de l'école à la maison pour les parents, les gardiens et les enseignants.

Ce livre aide les enfants à se développer grâce à la pratique de la lecture. Voici quelques exemples de questions pour aider le lecteur ou la lectrice à développer ses capacités de compréhension. Les suggestions de réponses sont indiquées en rouge.

## Avant la lecture

- Qu'est-ce que je sais sur l'Ontario?
    - *Je sais que l'Ontario est une province.*
    - *Je sais qu'il y a de nombreux lacs en Ontario.*

- Qu'est-ce que je veux apprendre sur l'Ontario?
    - *Je veux savoir quelles personnes célèbres sont nées en Ontario.*
    - *Je veux savoir à quoi ressemble le drapeau de la province.*

## Pendant la lecture

- Qu'est-ce que j'ai appris jusqu'à présent?
    - *J'ai appris que Toronto est la capitale de l'Ontario.*
    - *J'ai appris qu'à chaque seconde les chutes du Niagara déversent plus 2867 tonnes métriques (3160 tonnes) d'eau.*

- Je me demande pourquoi...
    - *Je me demande pourquoi le trille blanc est la fleur de la province.*
    - *Je me demande pourquoi l'Ontario cultive autant de raisins.*

## Après la lecture

- Qu'est-ce que j'ai appris sur l'Ontario?
    - *J'ai appris que la tour du CN mesure 553 mètres (1814 pieds) de haut.*
    - *J'ai appris que l'oiseau de la province est le plongeon huard.*

- Lis le livre à nouveau et cherche les mots de vocabulaire.
    - *Je vois le mot **capitale** à la page 6 et le mot **bouclier** à la page 12. Les autres mots de vocabulaire se trouvent aux pages 22 et 23.*

J'habite à St. Catharines. On l'appelle « la ville des jardins ».

Chaque année, en août, ma ville accueille les **régates** « Royal Canadian Henley ».

L'Ontario est une **province** du centre du Canada. La **capitale** est Toronto.

Fait intéressant : Toronto est la plus grande ville de l'Ontario.

L'oiseau de la province est le plongeon huard.

Fait intéressant : L'Ontario cultive plus de 77 000 tonnes métriques (85 000 tonnes) de raisins par année.

Le drapeau de ma province est rouge. Il est orné du **drapeau royal de l'Union** (Union Jack) et d'un **bouclier**.

Ma famille aime regarder les Blue Jays de Toronto jouer au baseball.

J'aime visiter les chutes du Niagara. Il y a une excursion en bateau qui nous rapproche des eaux rugissantes.

Fait intéressant : Les chutes du Niagara déverse plus 2867 tonnes métriques (3160 tonnes) d'eau à chaque seconde.

Je peux visiter les édifices du **Parlement** à Ottawa.

Ma famille fait du canot sur le lac Huron.

L'acteur Ryan Gosling est né en Ontario. Alex Trebek, l'ancien animateur du jeu télévisé *Jeopardy!*, est aussi né en Ontario.

Fait intéressant : L'astronaute Chris Hadfield, le premier canadien à marcher dans l'espace, est né à Sarnia, Ontario.

Ma famille aime faire des excursions en bateau autour des Mille-Îles.

# Glossaire

 **bouclier** (bou-kli-yé): Une image qui a la forme d'un bouclier de soldat

 **capitale** (ka-pi-tal) : La ville où se trouve le gouvernement d'un pays, d'un état, d'une province ou d'un territoire

 **drapeau royal de l'Union** (dra-po rwa-jal de jun.jən) : / Union Jack (YOONyuhn jak) : Le drapeau du Royaume-Uni

**Parlement** (par-loe-man) : Le groupe de personnes qui élabore les lois d'un pays

**province** (pro-vins) : Au Canada, comme dans certains pays, c'est une des grandes zones qui le divise

**régates** (ré-gat) : Une course de bateaux

# Index

chutes du Niagara 15
faire du canot 17
Gosling, Ryan 18
plongeon huard 8
raisins 10, 11
Toronto 6, 7

# À propos de l'auteure

Sheila Yazdani vit en Ontario, près des chutes Niagara, avec son chien Daisy. Elle aime voyager à travers le Canada pour découvrir son histoire, ses habitants et ses paysages. Elle adore cuisiner les nouveaux plats qu'elle découvre. Sa gâterie favorite est la barre Nanaimo.

Autrice : Sheila Yazdani
Conception et illustration : Bobbie Houser
Développement de la série : James Earley
Correctrice : Melissa Boyce
Conseils pédagogiques : Marie Lemke M.Ed.
Traduction : Claire Savard

Photographies :
Alamy: James Hackland: p. 4; Thomas Kitchin & Victoria Hurst: p. 5, 23; Max Simson: 14-15; NASA Archive: p. 19
Newscom: Julian Avram/Icon Sportswire DFW: p. 13
Shutterstock: Aqnus Febriyant: cover; JFunk: p. 3; Media Guru: p. 6, 22; Stephane Legrand: p. 7; Jim Cumming: p. 8; Craig Sterken: p. 9; Gilberto Mesquita: p. 10-11; nutt: p. 11; Millenius: p. 12, 23; Jam Norasett: p. 15; Natalia Pushchina: p. 16, 22; LesPalenik: p. 17; DFree: p. 18 left; Kathy Hutchins: p. 18 right; LesPalenik: p. 20; Diego Grandi: p. 21

# Crabtree Publishing

crabtreebooks.com   800-387-7650
Copyright © 2025 Crabtree Publishing
Tous droits réservés. Aucune partie de cette publication ne doit être reproduite ou transmise sous aucune forme ni par aucun moyen, électronique, mécanique, par photocopie, enregistrement ou autrement, ou archivée dans un système de recherche documentaire, sans l'autorisation écrite de Crabtree Publishing Company.
Au Canada : Nous reconnaissons l'appui financier du gouvernement du Canada par l'entremise du Fonds du livre du Canada pour nos activités de publication.

Imprimé aux États-Unis/062024/CG20240201

Publié au Canada
Crabtree Publishing
616 Welland Avenue
St. Catharines, Ontario
L2M 5V6

Publié aux États-Unis
Crabtree Publishing
347 Fifth Avenue
Suite 1402-145
New York, New York, 10016

Library and Archives Canada Cataloguing in Publication
Available at Library and Archives Canada

Library of Congress Cataloging-in-Publication Data
Available at the Library of Congress

Paperback: 978-1-0398-4344-8
Ebook (pdf): 978-1-0398-4357-8
Epub: 978-1-0398-4370-7
Read-Along: 978-1-0398-4383-7
Audio: 978-1-0398-4396-7